LIBRO DI ATTIVITÀ PER DINOSAURI

STEGOSAURUS

TRICERATOPS

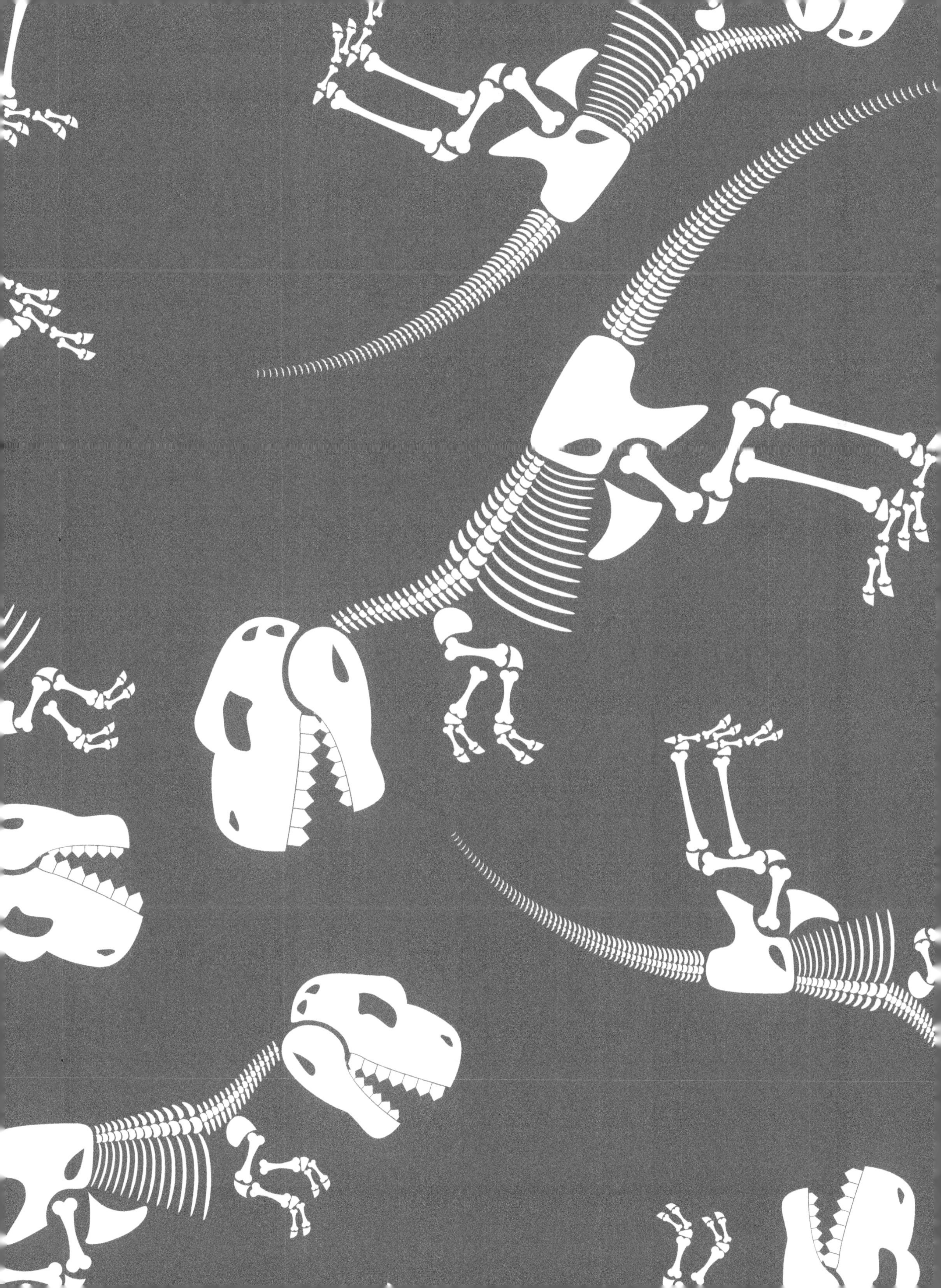

CARNOTAURUS

STYRACOSAURUS

VELOCIRAPTOR

DILOPHOSAURUS

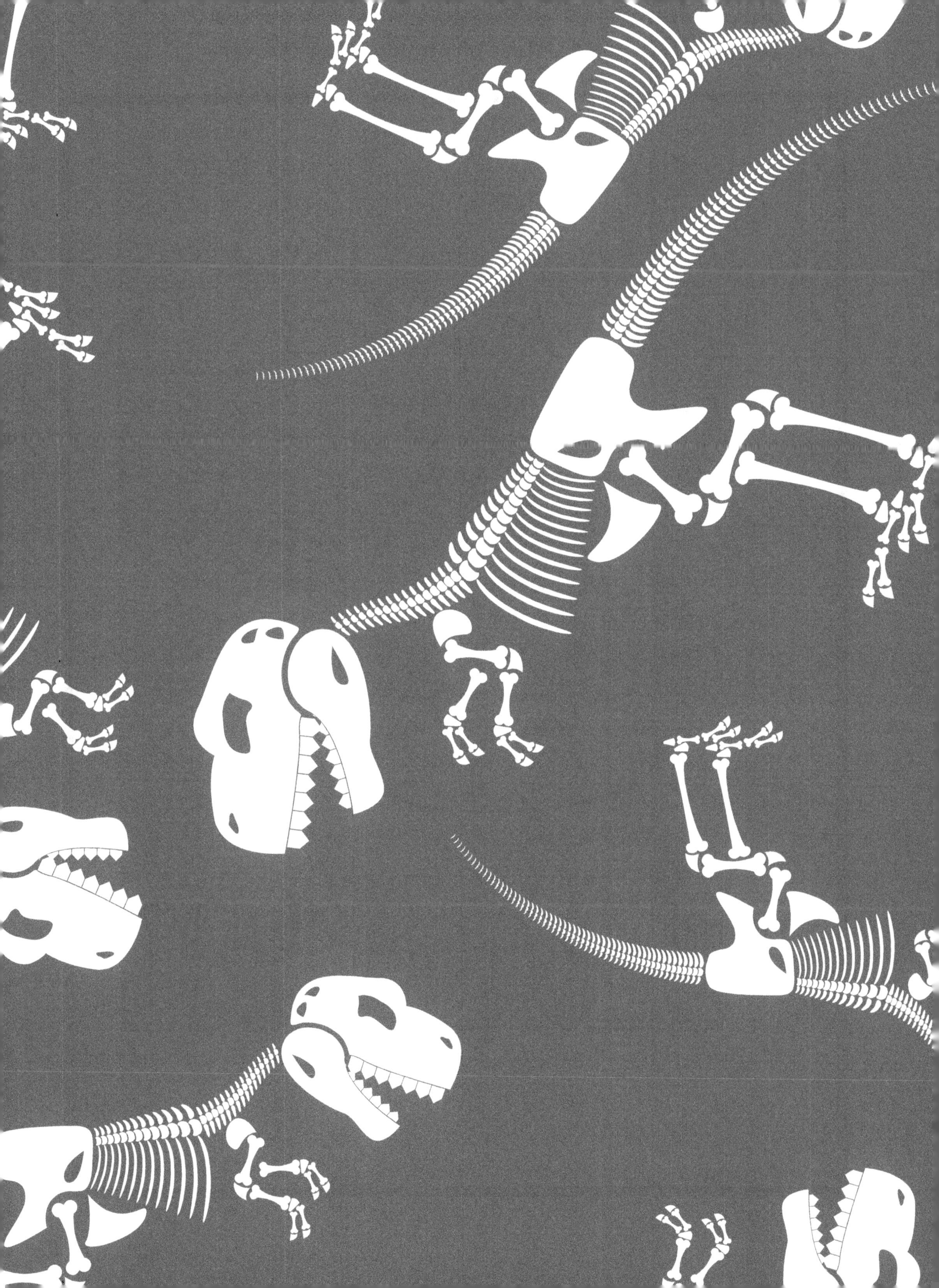

PTERODACTYL

GALLIMIMUS

IGUANODON

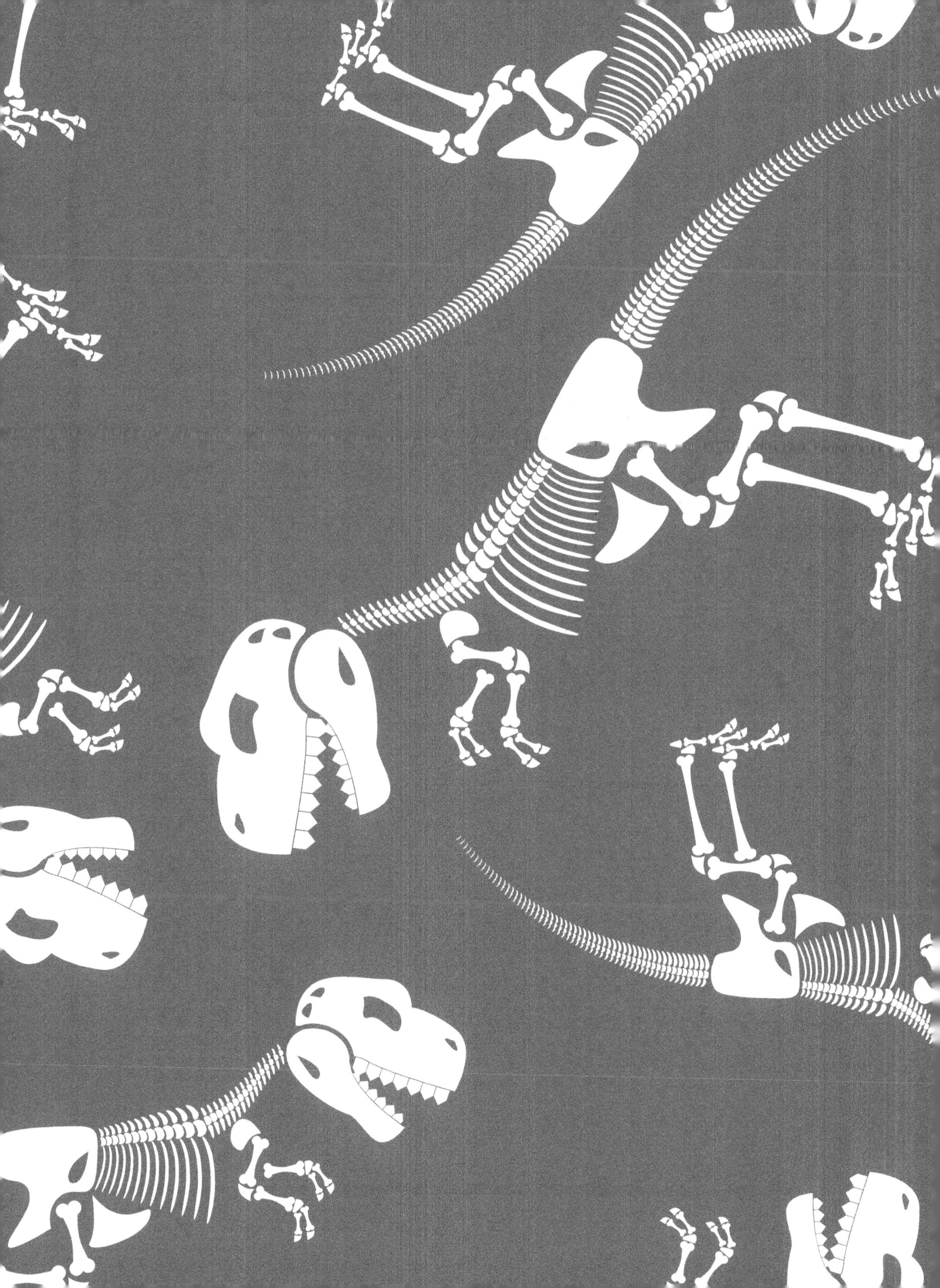

PACHYCEPHALOSAURUS

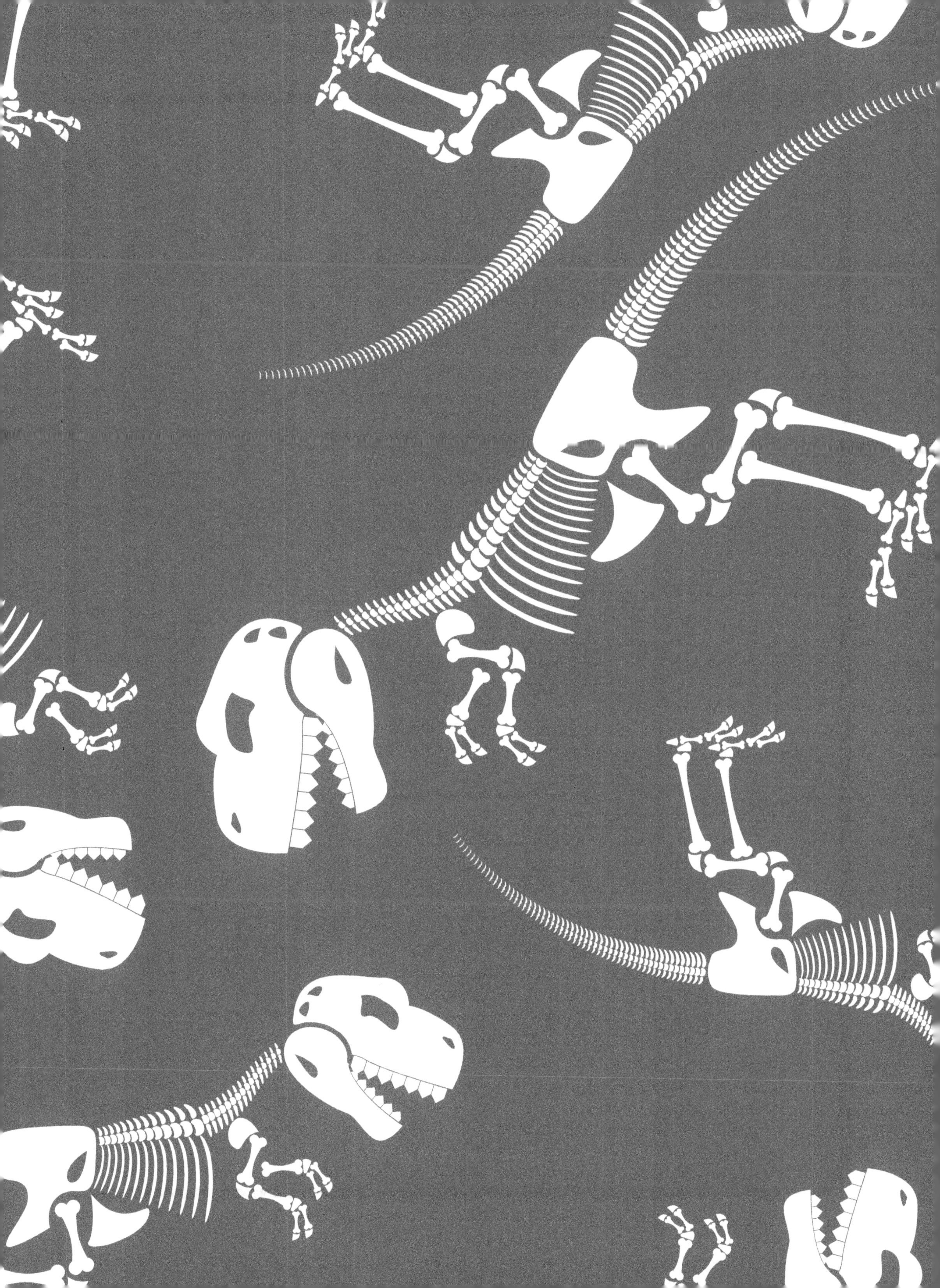

BARYONYX

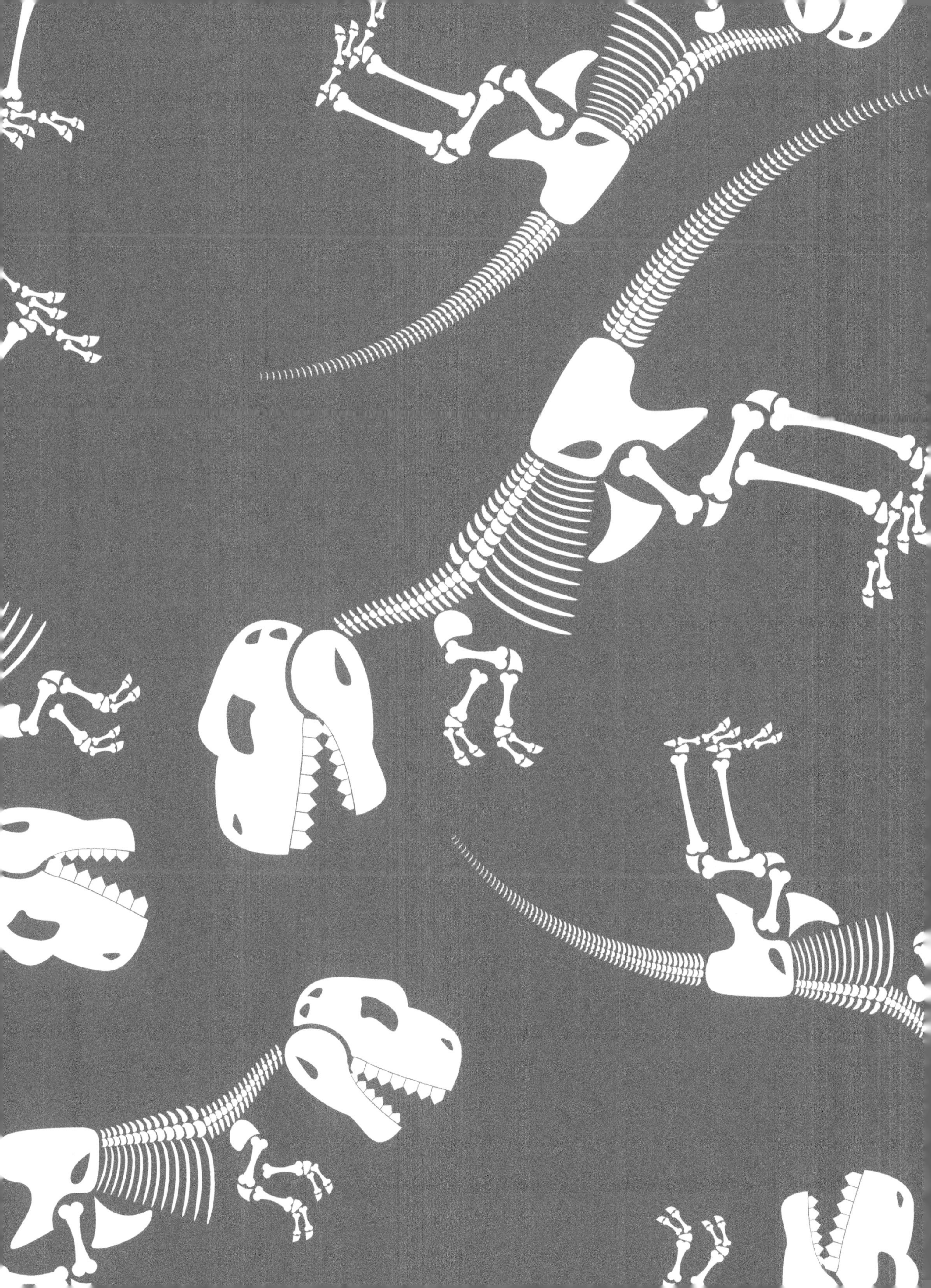

CERATOSAURUS

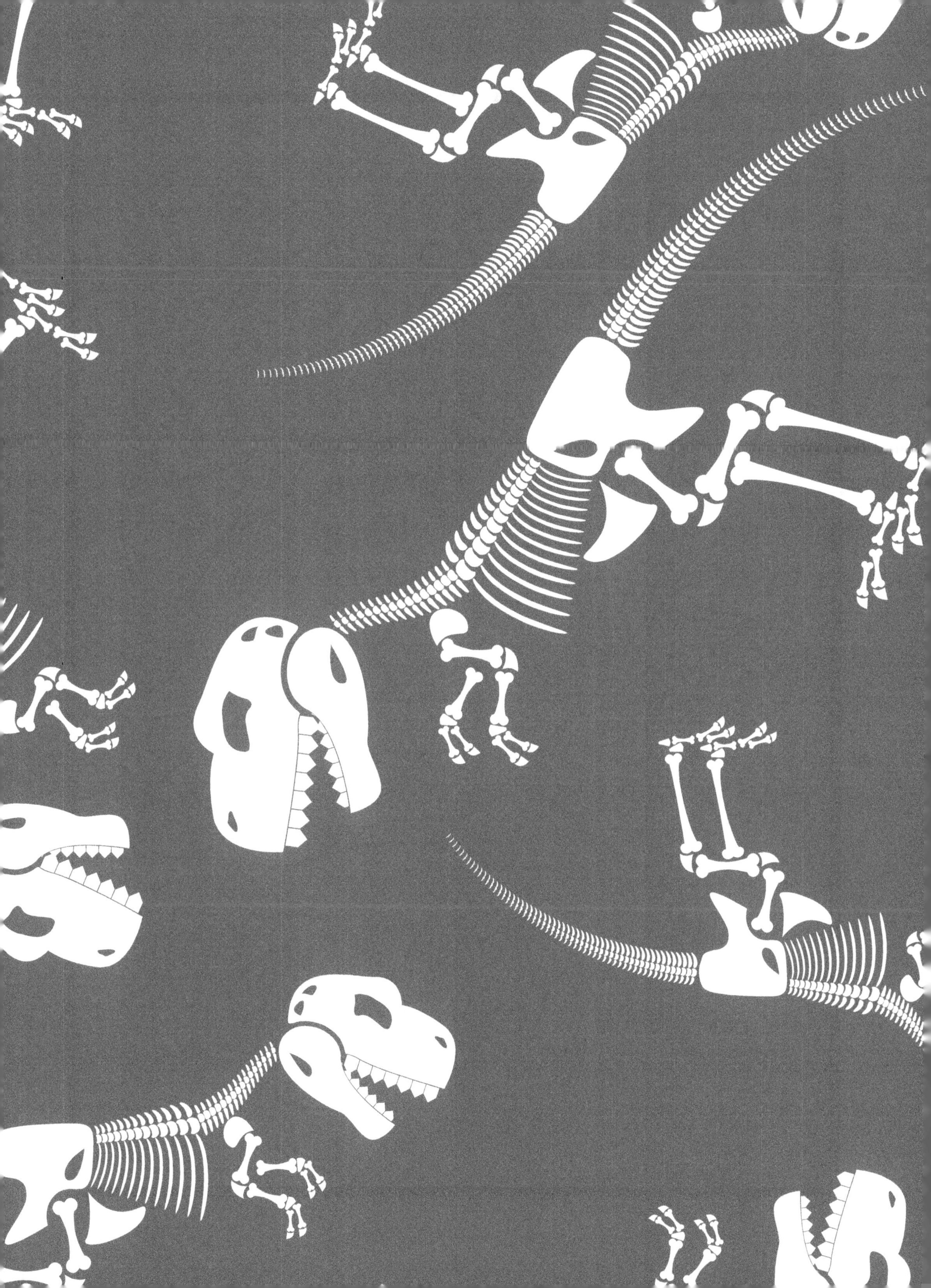

ALLOSAURUS

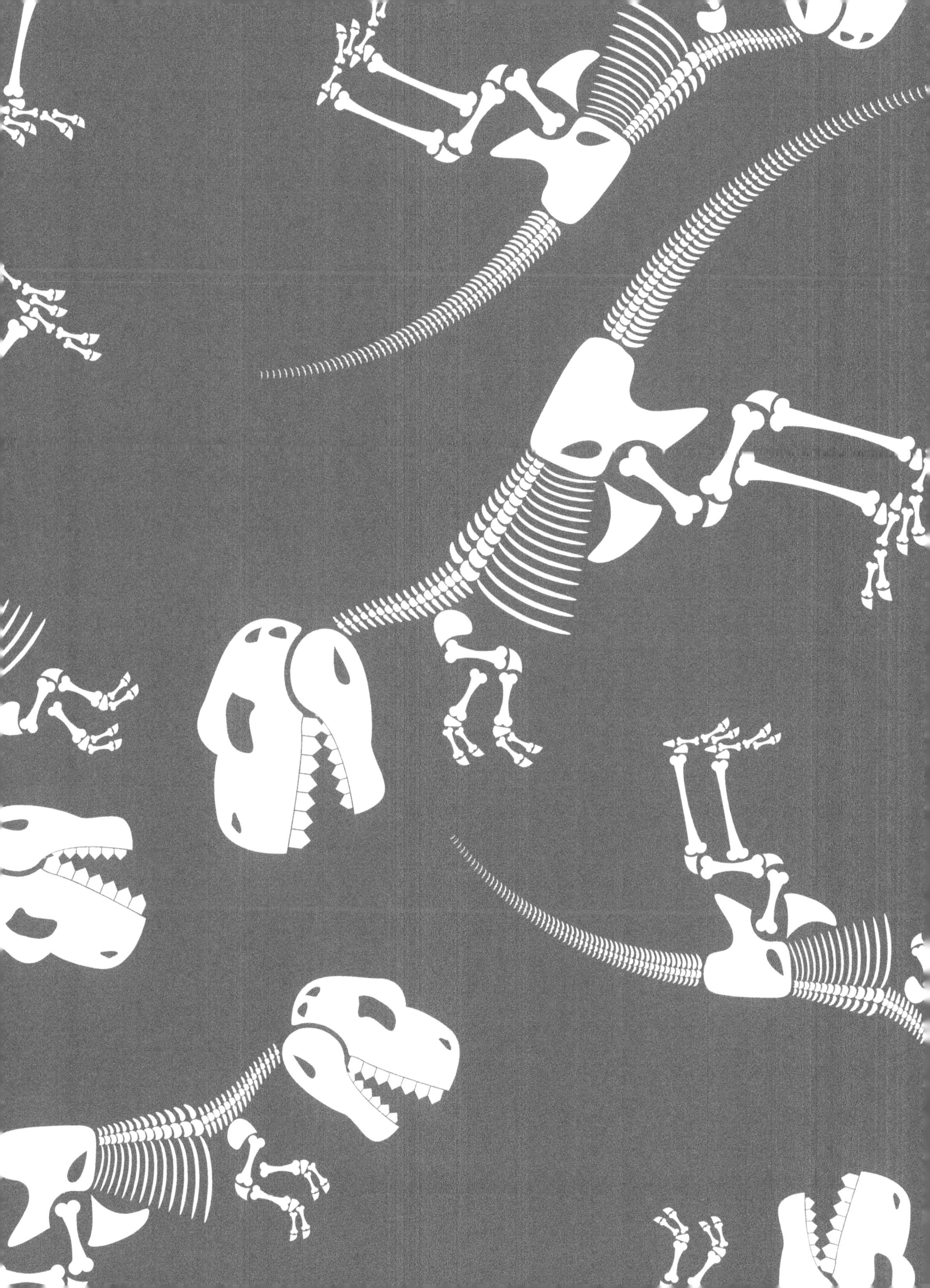

SPINOSAURUS

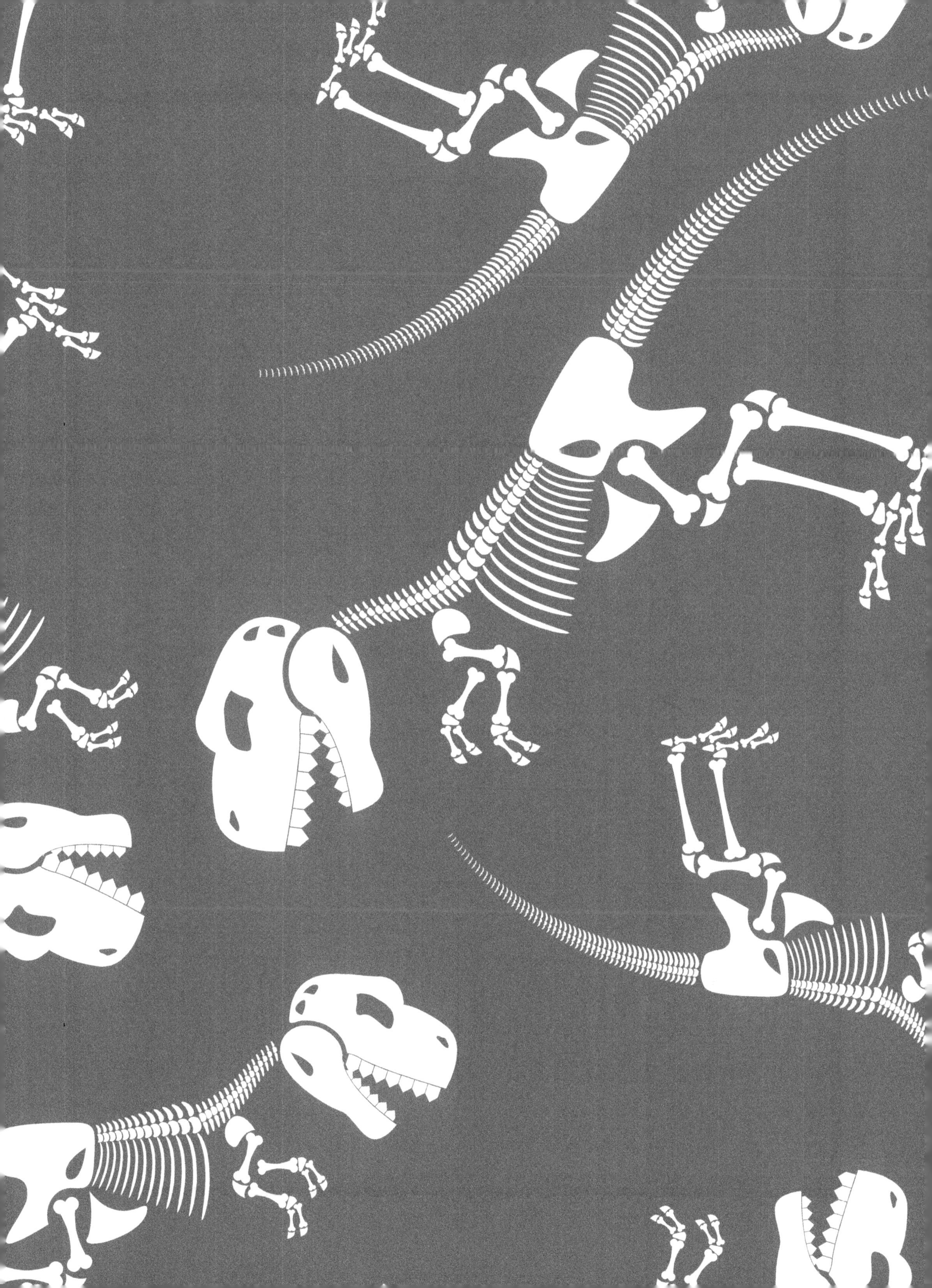

TYRANNOSAURUS

DIMETRODON

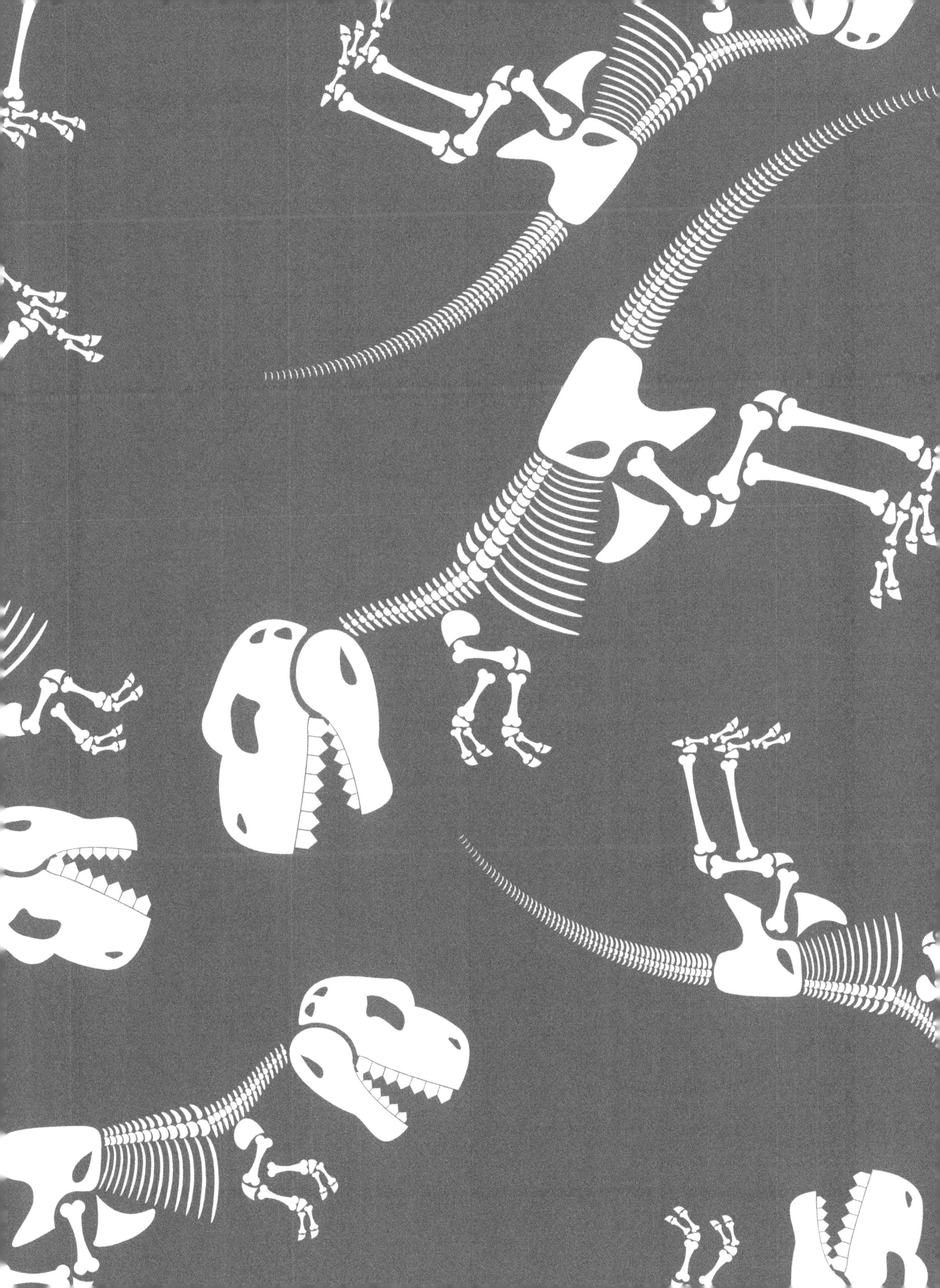

MOMMY!

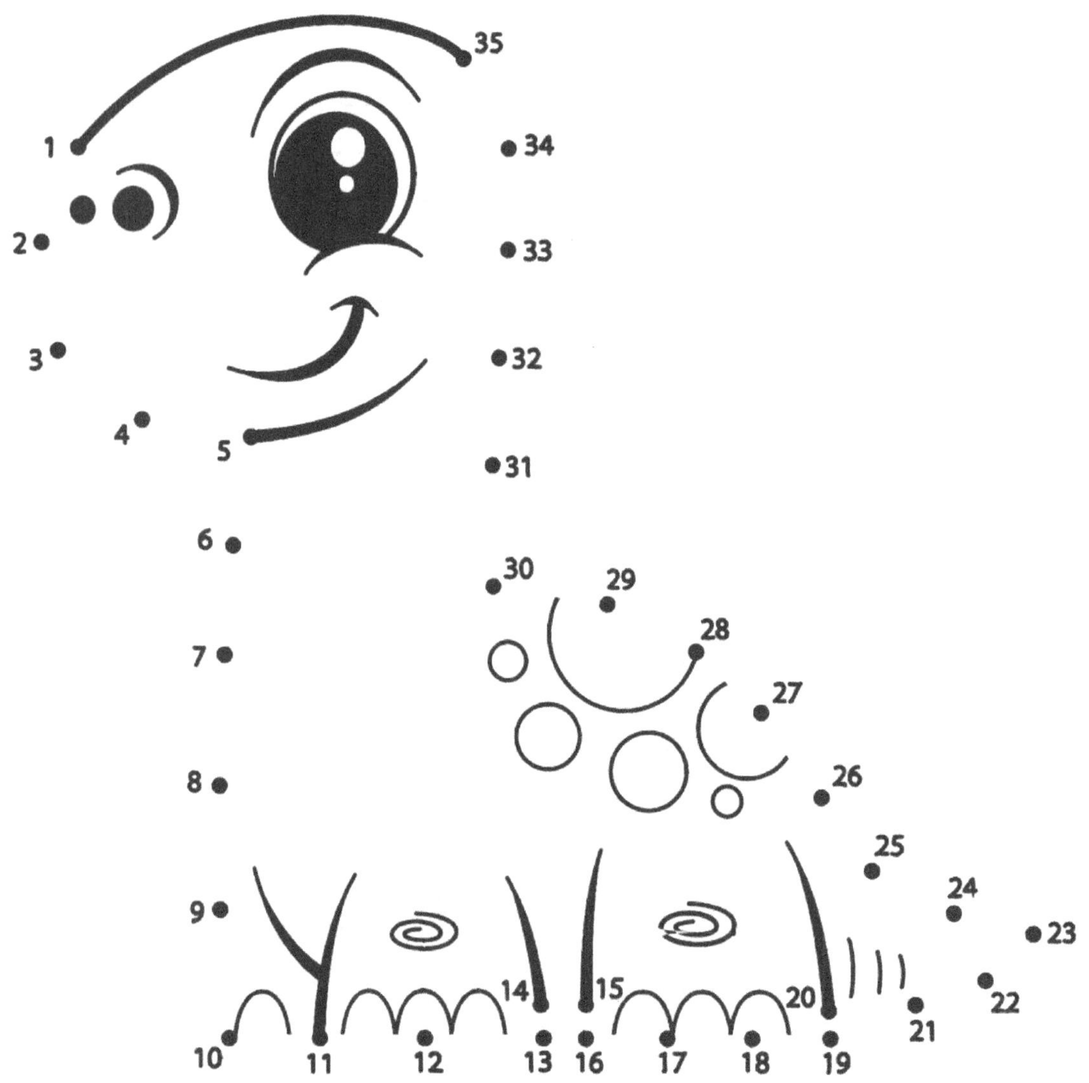

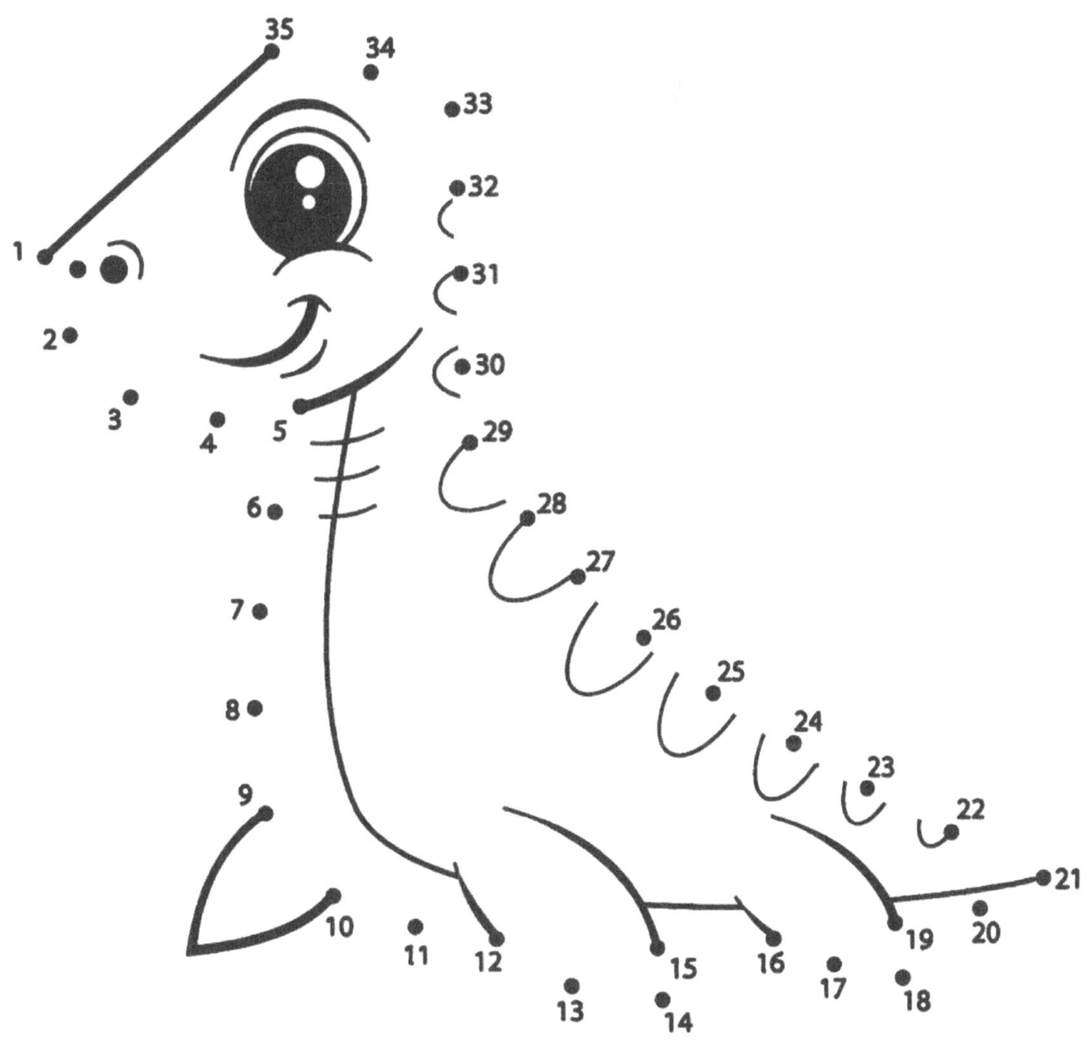

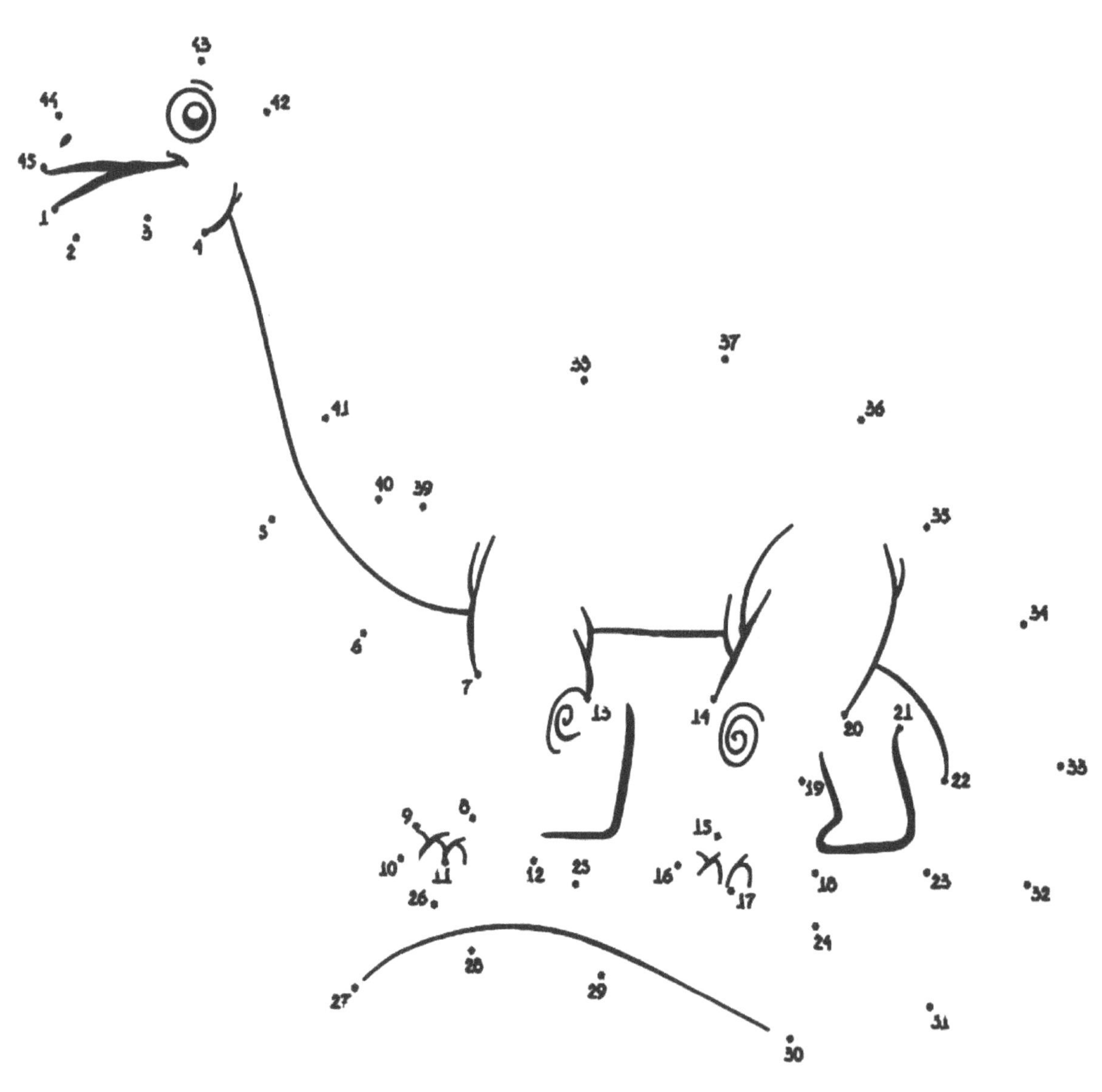

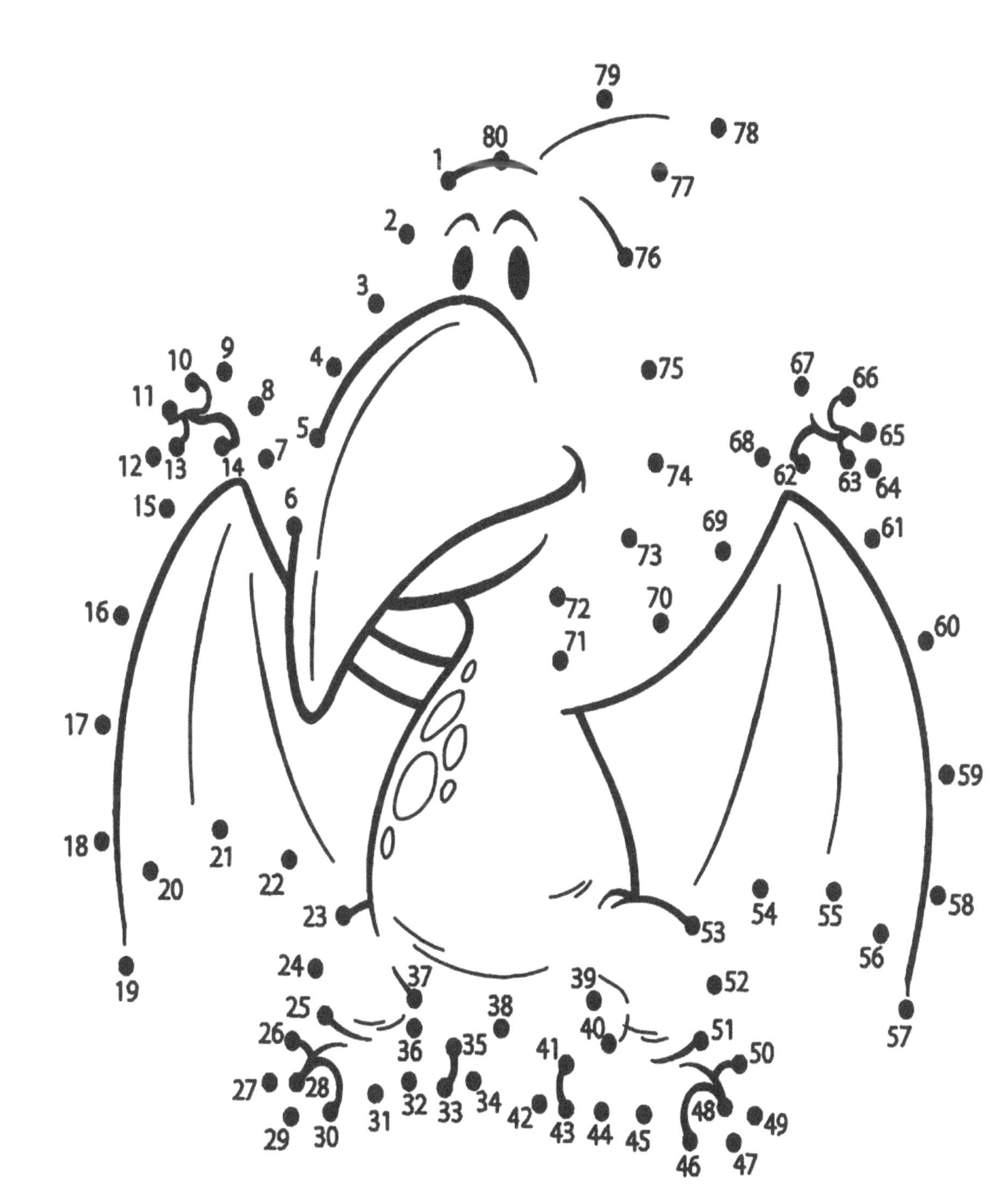

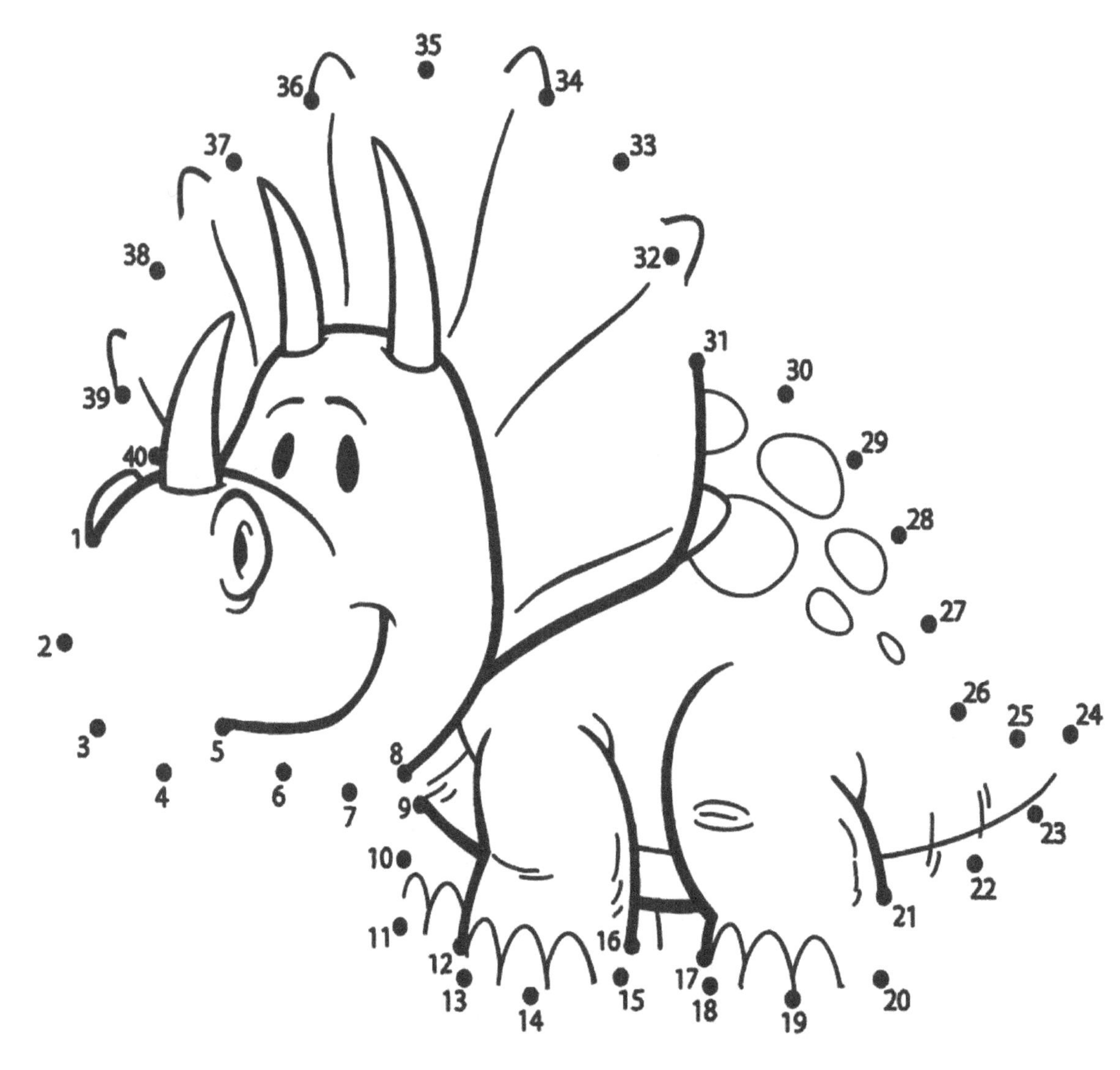

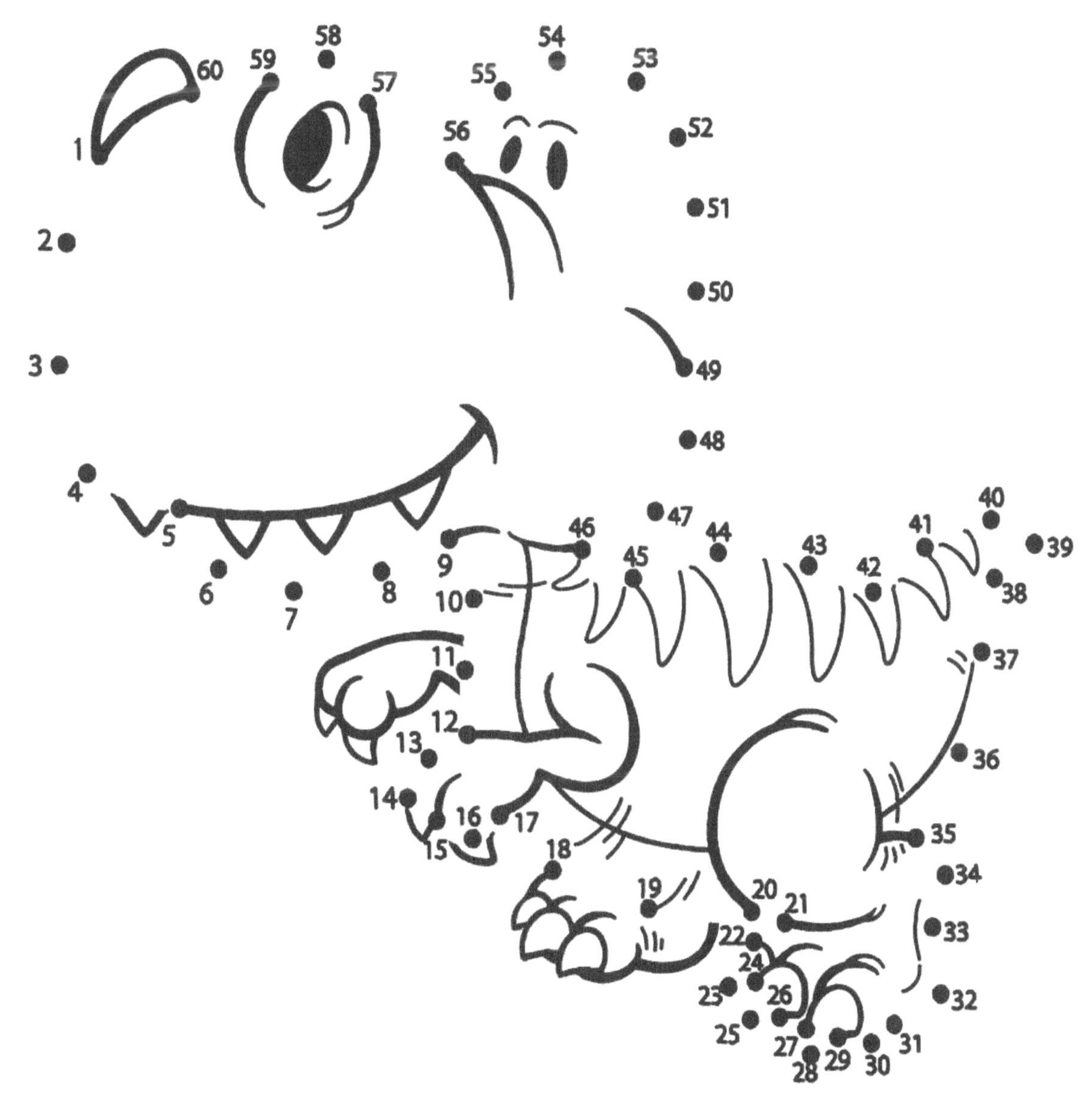

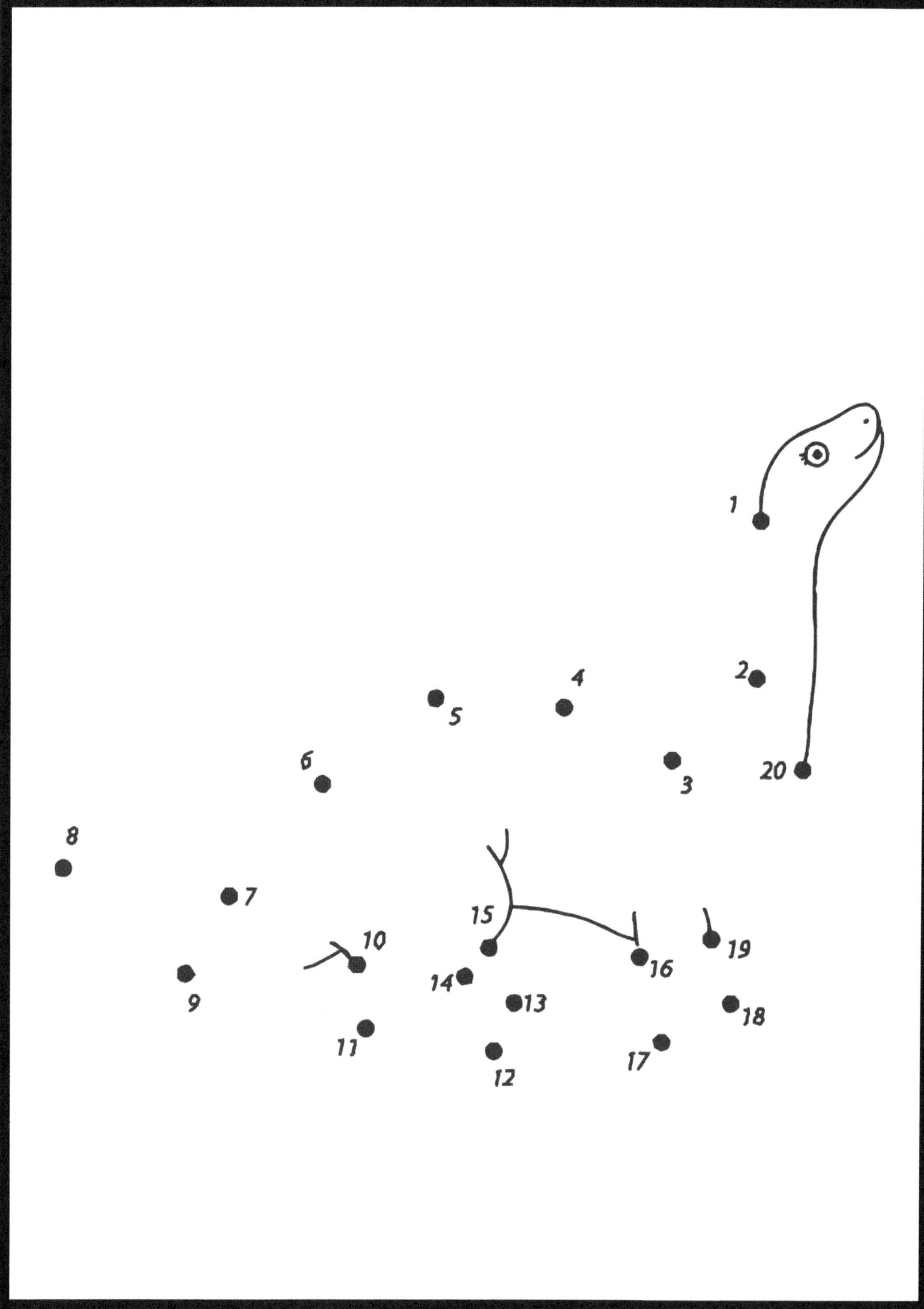

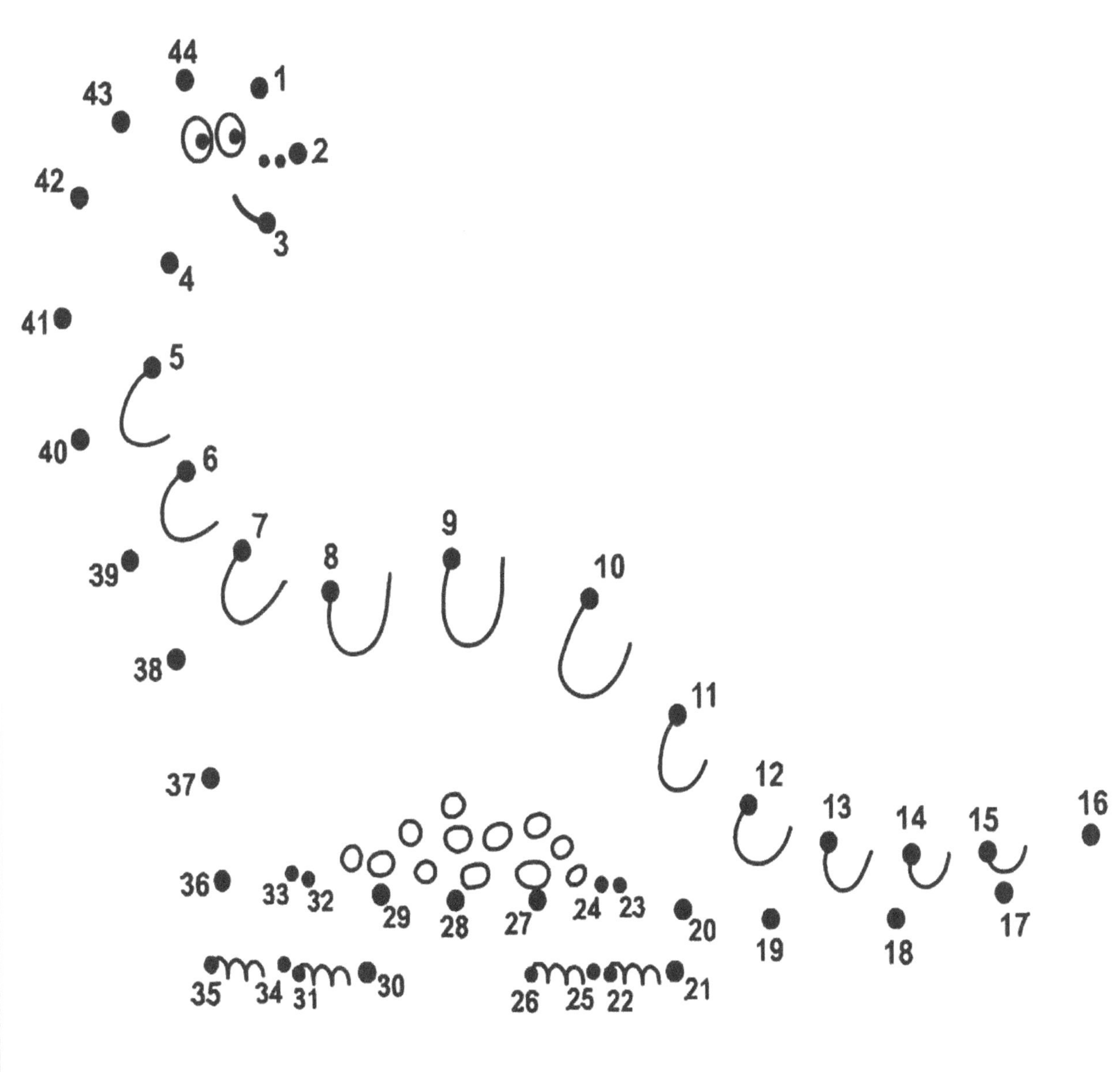

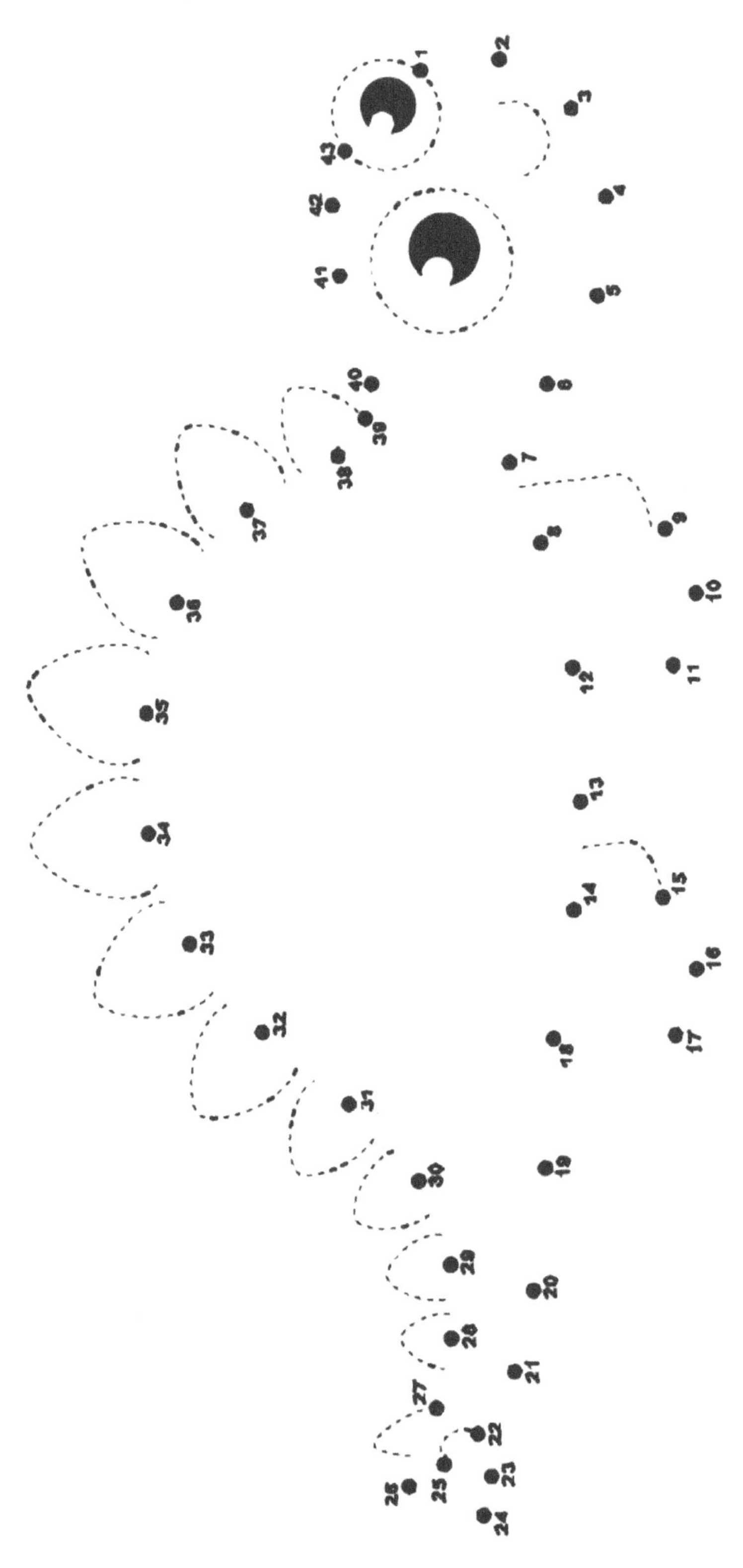

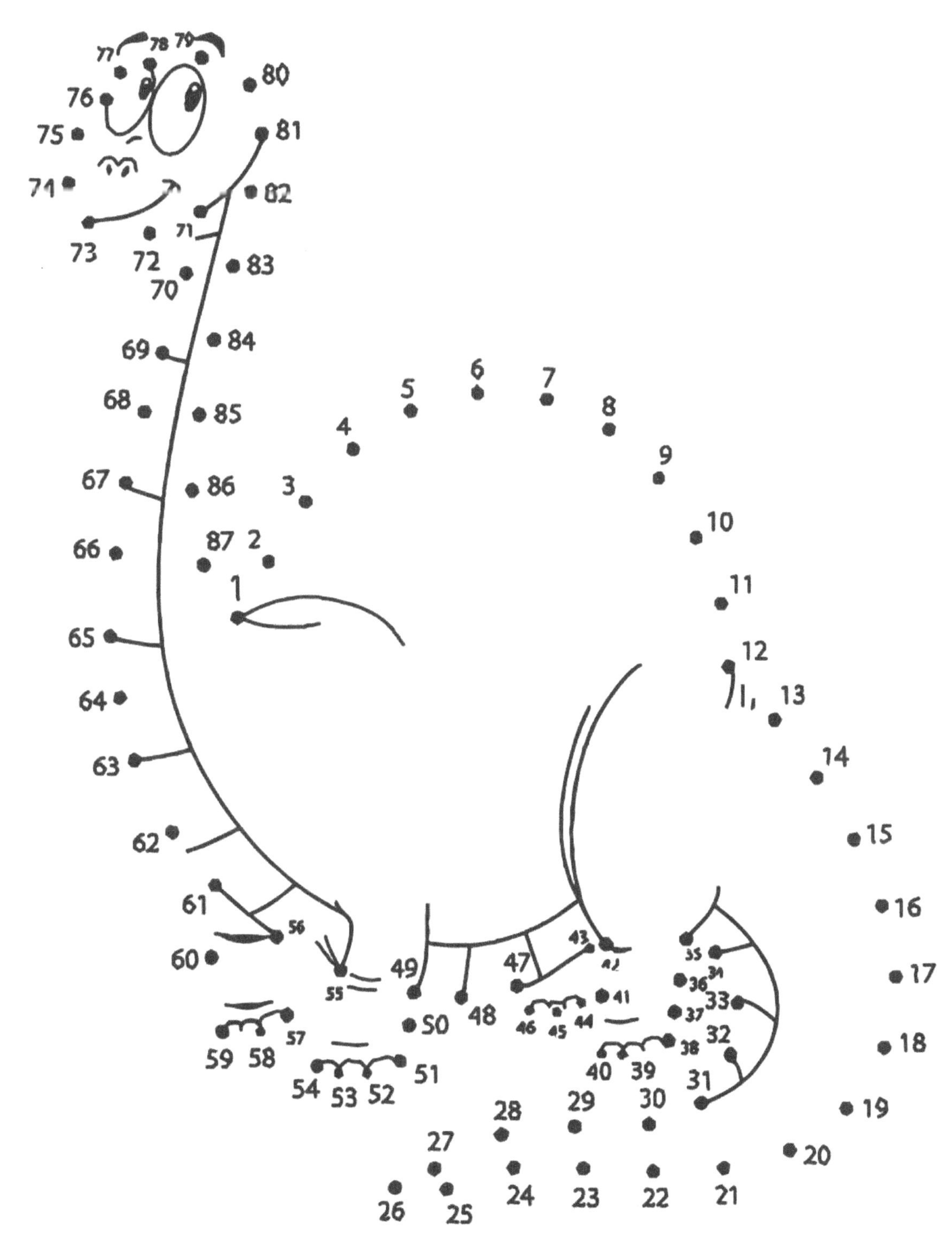

Trova le 5 differenze

Trova le 10 differenze

Trova le 10 differenze

Trova le 10 differenze

Trova le 10 differenze

Trova le 10 differenze

VOLETE DEI PICCOLI REGALI?

CRITICHE DA FARE?

INVIACI UN'E-MAIL:

carnetsmignonedition@gmail.com

Les Carnets Mignon

carnetsmignon_edition

GRAZIE PER AVER ACQUISTATO IL NOSTRO LIBRO!

Se vi piace questo libro, apprezzeremmo la vostra opinione su Amazon.

Per farlo, vai alla pagina Amazon di questo libro e clicca su "Scrivi la mia recensione".

GRAZIE MILLE!